MINISTÈRE DE L'INSTRUCTION PUBLIQUE

MÉMOIRE

SUR

LES MESURES LÉGISLATIVES

À PRENDRE

À L'ÉGARD DES ALIÉNÉS DITS CRIMINELS

PAR M. PIERRE LALLIER

MEMBRE DE LA SOCIÉTÉ DE LÉGISLATION COMPARÉE, DOCTEUR EN DROIT
JUGE D'INSTRUCTION À ROCROI, OFFICIER D'ACADÉMIE

(Extrait du *Bulletin des sciences économiques et sociales du Comité des travaux historiques et scientifiques*, année 1896.)

PARIS

IMPRIMERIE NATIONALE

M DCCC XCVI

MÉMOIRE

SUR

LES MESURES LÉGISLATIVES

À PRENDRE

À L'ÉGARD DES ALIÉNÉS DITS CRIMINELS

MINISTÈRE DE L'INSTRUCTION PUBLIQUE

MÉMOIRE

SUR

LES MESURES LÉGISLATIVES

À PRENDRE

À L'ÉGARD DES ALIÉNÉS DITS CRIMINELS

PAR M. PIERRE LALLIER

MEMBRE DE LA SOCIÉTÉ DE LÉGISLATION COMPARÉE, DOCTEUR EN DROIT
JUGE D'INSTRUCTION À ROCROI, OFFICIER D'ACADÉMIE

(Extrait du *Bulletin des sciences économiques et sociales du Comité des travaux historiques et scientifiques*, année 1896.)

PARIS

IMPRIMERIE NATIONALE

M DCCC XCVI

MÉMOIRE

SUR

LES MESURES LÉGISLATIVES

À PRENDRE

À L'ÉGARD DES ALIÉNÉS DITS CRIMINELS.

Il est peu de questions dans notre droit pénal qui soulèvent plus de problèmes graves et douloureux que celle de l'aliénation mentale. Plus que toute autre, en effet, elle se rattache au débat qui divise la psychologie et la physiologie sur l'existence et la portée de la responsabilité morale, et elle subit le contre-coup des idées qui dominent ces matières.

Les tendances nouvelles qui ont créé l'état de crise actuelle, et qui ont voulu substituer la notion du déterminisme à celle du libre arbitre, et faire relever le crime de la pathologie, ont tendu aussi, par là même, à agrandir le domaine de l'irresponsabilité et, plus spécialement, de la folie. Et c'est ainsi que la question du traitement des aliénés criminels s'élargit singulièrement, puisque, dans les plus excessives de ces théories, c'est à tous les criminels que ce traitement devrait être appliqué. Nous ne saurions entrer dans ces discussions, quoiqu'elles dominent de haut notre sujet, et nous nous placerons simplement au point de vue où s'est placé notre code pénal, qui suppose que, parmi les criminels, il faut distinguer des hommes normaux, responsables de leurs actes, et des aliénés, dont la responsabilité est atténuée ou inexistante.

Il importe, avant d'entrer dans notre sujet, de bien préciser ce que nous entendons par *aliénés criminels*, et l'importance qu'il y a à les distinguer des autres aliénés et même de ceux que la loi de 1838 qualifie de dangereux. L'aliéné criminel est celui qui a commis un crime dont on le juge non responsable à raison de son aliénation : c'est par exemple un alcoolique qui est atteint de manie homicide et qui tue ; c'est un maniaque de l'incendie ou du vol qui a incendié ou volé. On conçoit le danger permanent que présente un aliéné de cette sorte si on le laisse libre. Que l'aliéné ordinaire puisse présenter le même danger, cela est vrai ; mais rien ne le prouve encore ; il n'a pas d'antécédents ; le crime est peut-être chez lui en puissance, mais ne s'est pas révélé par des actes. L'aliéné criminel, au contraire, a un passé ; et si la société est excusable de n'avoir pas prévenu des crimes que rien ne pouvait faire prévoir, elle serait inexcusable de n'avoir pas pris ses précautions contre un second crime auquel on peut s'attendre, contre une rechute devenue d'autant plus probable que l'expérience a mieux établi l'incurabilité de la folie criminelle, et, plus spécialement, de la folie homicide.

Cette précaution, cette défense, il faut les assurer par un régime spécial. Mais ici l'on se heurte à une grave difficulté : au respect de la liberté individuelle. La société a-t-elle le droit d'entraver cette liberté? L'homme qui a agi sous l'impulsion de la folie n'est pas responsable. Et c'est cet homme, moralement innocent, que l'on va incarcérer comme un coupable! Il le faut bien, puisqu'il est un danger pour le plus grand nombre; mais, pour ménager autant que possible ses droits imprescriptibles à la liberté, il ne le faut que dans la mesure où sa liberté serait dangereuse; le droit de la société ne va pas plus loin que sa propre sauvegarde. Une mesure en cette matière est très difficile à fixer, et il est peu de problèmes plus délicats pour le législateur que de concilier ces deux choses naturellement inconciliables : la protection due à la vie des personnes et le respect de la liberté individuelle.

Et d'abord, pour mieux délimiter notre sujet, écartons toute une série de questions qui touchent de près à celle-ci, mais qui, nous allons le montrer, ne se confondent point avec elle.

Il s'agit des criminels qui, condamnés comme tels, deviennent fous au cours de leur peine. Le milieu pénitentiaire est favorable à l'éclosion de la folie; de pareils cas d'aliénation sont fréquents, surtout parmi les criminels soumis au régime cellulaire, ainsi que cela ressort d'un travail de M. Henri Bailleul présenté au Congrès aliéniste de Rouen (1890) et intitulé : «De la folie dans les maisons centrales ou prisons de longues peines.» Ici, nous sommes en présence de criminels qui, à tort ou à raison, doivent être considérés comme responsables de la faute qu'ils ont commise, puisqu'ils ont été condamnés. C'est, en effet, au moment où l'acte est commis qu'il faut se placer pour apprécier la responsabilité de l'agent; cette notion se compliquant d'ailleurs de cette autre idée que l'on ne frappe que les êtres ayant une personnalité et que l'on ne punit pas les inconscients; on ne devra renvoyer comme irresponsable que les criminels qui paraîtront avoir commis leur crime en état d'aliénation mentale, et que ceux dont la folie se manifestera au cours de l'instruction (quitte à chercher des armes contre les tentatives de simulation). Mais si la folie n'est reconnue qu'après la condamnation, les condamnés doivent être tenus pour responsables. Que leur folie, surtout lorsqu'elle se déclare peu de temps après leur condamnation, puisse faire croire qu'ils ont été méconnus[1] et frappés alors qu'on aurait dû douter de leur responsabilité, cela n'a rien de surprenant, surtout

[1] Voir Dr Paul Garnier, Rapport présenté au 3e Congrès international d'anthropologie criminelle, intitulé : *De la nécessité de considérer l'examen moral de certains prévenus comme un devoir de l'instruction.*

si l'on songe à la rapidité de certaines procédures, du flagrant délit, par exemple, qui empêche souvent d'examiner suffisamment l'état mental du prévenu [1] ; mais de pareilles méconnaissances sont rares, et les remèdes à apporter à cet état de choses sortent du cadre de notre étude [2].

Il est possible aussi que des abus se soient glissés en fait dans le régime de ces condamnés. C'est ainsi qu'en France, au dire de M. Th. Roussel [3], « l'Administration pénitentiaire transféra pendant longtemps (et transfère encore parfois aujourd'hui) ses condamnés aliénés dans les asiles départementaux où ils sont entretenus à ses frais. Ce régime a fonctionné pendant plus de vingt-cinq ans sans contrôle aucun de l'Administration centrale ; et lorsque enfin celle-ci a exigé un compte rendu des transfèrements et a voulu contrôler les états de dépenses, elle a eu la preuve que beaucoup de ses transférés avaient disparu à son insu, les uns avant la date de leur libération, les autres après cette date, lorsque, sans s'inquiéter d'eux, l'État avait cessé de payer leurs dépenses ». Il n'y a là qu'un abus de fait auquel il est facile de remédier par un contrôle plus strict. Quoi qu'il en soit, répétons-le bien, la question de liberté n'est pas ici en cause ; le condamné doit être, en vertu de la loi répressive, détenu jusqu'à l'expiration de sa peine. Responsable ou non du crime qu'il expie, il est présumé responsable de par sa condamnation. L'aliénation mentale n'aura d'autre effet sur sa situation que de le soustraire au régime ordinaire de la peine ; on le traitera comme un criminel malade ; on le soignera comme tel, mais sa peine n'en sera pas abrégée. On le placera, s'il y a lieu, dans un asile ; s'il revient à la raison, il devra, en principe, reintégrer sa prison jusqu'à l'expiration de sa peine.

Telles sont, du moins, les solutions strictement logiques qu'il serait bon, peut-être, d'édicter expressément dans nos lois, comme le font le code criminel du Canada de 1893, art. 741 ; le code de procédure pénal italien (art. 586, modifié par le décret du 1er décembre 1889) et le décret portugais du 10 janvier 1895 (art. 23).

Pour les criminels malades, la question de la conciliation du principe de la liberté individuelle avec le respect dû à la vie des personnes ne se pose pas davantage au moment de leur libération : car si ceux-ci, responsables ou présumés tels lors de leur condamnation, ont été traités comme des criminels ordinaires, ils doivent, à leur sortie, rentrer dans le droit commun, car ils ne sont pas, comme les criminels aliénés au moment du crime, pré-

(1) Voir M. Henri Monod, *Note sur les aliénés recueillis après condamnation dans les asiles publics de 1886 à 1890, et pour lesquels il semble qu'une expertise médico-légale eût évité la condamnation.*

(2) Voir M. Mettetal, *Les aliénés criminels méconnus.* (*Bulletin de la Société générale des prisons*, 1895, p. 887 et suiv.)

(3) Voir *Bulletin des séances et travaux de l'Académie des sciences morales et politiques*, juillet 1895, p. 94-113 et 116-124.

sumés dangereux pour la sécurité publique. En un mot, s'ils ont eu les inconvénients du traitement commun à tous les condamnés, ils doivent en avoir les avantages. Cette distinction n'a d'ailleurs qu'une valeur théorique dans notre droit français, puisque les aliénés criminels et les criminels aliénés (pour employer ces expressions dans lesquelles l'ordre des mots reproduit la succession même des faits) sont traités sur le même pied que les aliénés dits *dangereux* et soumis aux mêmes prescriptions légales. Mais notre observation reprendrait toute sa valeur dans une des nombreuses législations modernes qui édictent un traitement spécial pour chacune de ces trois classes d'aliénés.

Nous avons ainsi écarté de notre cadre la question des criminels devenus fous au cours de leur peine. Cette distinction théorique, qui paraît subtile au premier abord, nous amènera plus tard à des conclusions pratiques importantes quant au traitement des aliénés criminels proprement dits. Tout autre, en effet, est le cas de ces derniers; il s'agit de prévenus dont l'aliénation mentale est constatée dès leur comparution devant la juridiction d'instruction ou devant la juridiction de jugement, et, qui, par suite, bénéficient d'une ordonnance de non-lieu ou d'un acquittement, en vertu de l'article 64 du code pénal, qui est ainsi conçu : «Il n'y a ni crime, ni délit, lorsque le prévenu était en état de démence au temps de l'action... » C'est là le cas de l'*aliéné criminel,* celui qui nous intéresse directement.

La loi du 30 juin 1838 n'a pas prévu spécialement ce cas. Les articles qui s'appliquent aux aliénés criminels, comme à tous les aliénés dangereux, sont les articles 18, 20, 23, 29, 30.

Le placement dans les établissements d'aliénés est régi par l'article 18 ainsi conçu :

«Art. 18. A Paris, le préfet de police, et, dans les départements, les préfets ordonneront d'office le placement, dans un établissement d'aliénés, de toute personne interdite ou non interdite, dont l'état d'aliénation compromettrait l'ordre public ou la sûreté des personnes. — Les ordres des préfets seront motivés et devront énoncer les circonstances qui les auront rendues nécessaires... »

Quant à la sortie, elle est régie par les articles 20, 23, 29 et 30 :

«Art. 20. Les chefs, directeurs ou préposés responsables des établissements seront tenus d'adresser aux préfets, dans le premier mois de chaque semestre, un rapport rédigé par le médecin de l'établissement sur l'état de chaque personne qui y sera retenue, sur la nature de sa maladie et les résultats du traitement. Le préfet prononcera sur chacune individuellement, ordonnera sa maintenue dans l'établissement ou sa sortie.

«Art. 23. Si, dans l'intervalle qui s'écoulera entre les rapports ordonnés par l'article 20, les médecins déclarent, sur le registre tenu en exécution de l'article 12, que la sortie peut être ordonnée, les chefs, directeurs ou préposés responsables des établissements seront tenus, sous peine d'être poursuivis, conformément à l'article 30 ci-après, d'en référer aussitôt au préfet, qui statuera sans délai.

« Art. 29. Toute personne placée ou retenue dans un établissement d'aliénés, son tuteur, si elle est mineure, son curateur, tout parent ou ami, pourront, à quelque époque que ce soit, se pourvoir devant le tribunal du lieu de la situation de l'établissement, qui, après les vérifications nécessaires, ordonnera, s'il y a lieu, la sortie immédiate. Les personnes qui auront demandé le placement et le procureur de la République, d'office, pourront se pourvoir aux mêmes fins. Dans le cas d'interdiction, cette demande ne pourra être formée que par le tuteur de l'interdit. La décision sera rendue, sur simple requête, en chambre du conseil et sans délai; elle ne sera pas motivée...

« Art. 30. Les chefs, directeurs ou préposés responsables ne pourront, sous les peines édictées par l'article 120 du code pénal, retenir une personne placée dans un établissement d'aliénés, dès que sa sortie aura été ordonnée par le préfet, aux termes des articles 16, 20 et 23, ou par le tribunal, aux termes de l'article 29... »

Ce qui ressort avant tout de ces textes, c'est que les aliénés criminels ne sont pas traités autrement que les aliénés ordinaires placés d'office par les préfets dans les maisons d'aliénés parce qu'ils constituent un danger pour la sécurité publique. C'est de cette méprise initiale de la loi que découlent la plupart des inconvénients pratiques auxquels donne naissance son application aux aliénés criminels. En effet, le traitement de ces derniers se trouvera régi, naturellement, par les deux principes suivants qui se dégagent des articles précités : réunion des aliénés criminels et des aliénés ordinaires dans les mêmes asiles; intervention exclusive de l'autorité administrative dans le placement et le maintien de ces aliénés dans les asiles. L'autorité judiciaire n'intervient que dans le cas spécifié par l'article 29, lorsqu'un pourvoi en sortie est introduit par l'aliéné, son curateur, un de ses parents ou amis... etc. Il est facile de comprendre quels graves abus la pratique n'a pas tardé à révéler dans l'application de ces principes. Ces abus sont de plusieurs sortes.

D'abord, il n'y a pour les préfets, en ce qui concerne le placement des aliénés criminels dans un asile, qu'une simple faculté et non une obligation. Il peut très bien se faire que l'aliéné criminel soit remis en liberté immédiatement après l'ordonnance de non-lieu ou après le verdict qui l'acquitte. En effet, lorsque l'autorité judiciaire le remet aux mains de l'autorité administrative, celle-ci n'est pas liée par la décision intervenue; elle le fait examiner de nouveau par un autre médecin que celui qui avait été commis par la justice. «Si ce nouveau médecin est du même avis que son confrère, l'accusé est placé dans un asile d'aliénés. Mais un désaccord peut se produire (on a vu le cas) et, si le médecin commis par le préfet ne partage pas l'avis de son confrère précédemment commis par la justice, l'accusé est remis en liberté[1].» Et l'on se trouve en face de cette situation singulière, d'un criminel qui a été acquitté parce qu'on l'a cru fou, et que l'on remet aussitôt en liberté parce que sa folie ne paraît pas démontrée! Ce résultat est à la fois illogique, immoral et dangereux.

Il peut même se faire que l'autorité administrative ne sache pas qu'elle a à agir : le verdict du jury n'est pas motivé. La loi (art. 342, code d'instr. crim.) ne demande pas aux jurés compte des moyens par lesquels ils sont convaincus et n'invoque que «la sincérité de leur conscience interrogée dans le silence et le recueillement»[2]. Le préfet, s'il n'est pas saisi par le ministère public, ignore que tel accusé traduit devant les assises a été acquitté pour cause de démence; dès lors, grâce à cette inaction, le fou dangereux rentre dans la société.

Ces abus, hâtons-nous de le dire, sont peu fréquents; il suffit qu'ils existent pour que l'on puisse faire le procès de la loi qui les autorise. Il est contre celle-ci des griefs bien plus graves, parce qu'ils portent sur des abus malheureusement trop fréquents : il s'agit de la sortie des aliénés criminels. Celle-ci est beaucoup trop facile, puisqu'elle reste soumise au droit commun; c'est ce que M. Georges Picot, au cours d'une discussion à l'Académie des sciences morales et politiques, a fait ressortir en termes saisissants[3] : «Un assassinat est commis; l'auteur est arrêté; les médecins sont unanimes à déclarer que le meurtrier est irresponsable. Une ordonnance de non-lieu est rendue par le juge d'instruction, et la préfecture de police fait placer l'aliéné dans une maison de santé. Si la démence persiste, l'aliéné y est maintenu, et la société n'a plus rien à redouter.

«Mais, supposons que l'aliéné, protégé contre les excitations du dehors et contre lui-même, recouvre la raison; supposons, ce qui est très fréquent, que la manie homicide ait été chez lui la suite de l'alcoolisme, et que l'abstention des liqueurs fortes ait amené sa guérison, le médecin le mettra en liberté.

«Quand le médecin déclare que la guérison est obtenue, la loi ne distingue pas; elle ne connaît pas les causes qui ont précédé l'entrée; tout aliéné pour elle est un malade, et n'est qu'un malade; s'il est guéri, il doit sortir de la maison de santé comme il sortirait de l'hôpital. Le texte de l'ar-

[1] Voir M. L. Proal, *Le crime et la peine*, p. 372. — Voir aussi Riboud, *De l'influence de l'état mental des individus sur leur responsabilité pénale*, p. 316 et suiv.

[2] Voir *Bull. de la Soc. génér. des prisons*, 1881, p. 118 et suiv.

[3] Voir *Bull. de l'Académie des sc. mor. et pol.*, juillet 1895, p. 113.

ticle 13 de la loi du 30 juin est impératif : toute personne placée dans un établissement d'aliénés cessera d'y être retenue, aussitôt que les médecins de l'établissement auront déclaré, sur le registre énoncé en l'article précédent, que la guérison est obtenue... L'article 30 de la même loi punit les chefs et directeurs qui auront retenu une personne guérie, des peines contre la détention arbitraire portées par l'article 120 du code pénal, soit d'un emprisonnement de six mois à deux ans.

«A peine remis en liberté, l'ancien alcoolique reprendra ses mauvaises habitudes et le médecin sait, à n'en pouvoir douter, que l'alcool provoquera une rechute de la manie homicide.»

De tels faits ne sont que trop fréquents. En 1871, la Société de législation comparée avait confié à une commission le soin d'étudier les modifications à apporter dans la législation relative aux aliénés. Les déposants signalèrent tous les mêmes faits. Nous renvoyons à ces dépositions et plus particulièrement aux témoignages si caractéristiques des docteurs Blanche et Mottet[1]. Les mêmes constatations étaient encore faites en 1881, lors de l'étude faite par la Société générale des prisons d'un projet de législation pour les aliénés criminels. On les retrouve aussi dans le livre de M. Guillot sur les prisons de Paris, où sont cités (p. 180) de nombreux exemples de crimes commis par des aliénés relaxés comme guéris après avoir commis un premier crime.

La loi du 30 juin 1838 contient donc de graves lacunes, puisqu'elle expose la société à de tels dangers; en effet, par suite de la confusion imprudente qu'elle consacre pour les aliénés criminels et les aliénés ordinaires, elle exagère, en ce qui concerne les premiers, le principe de la sauvegarde due à la liberté individuelle au détriment de la liberté des personnes. Depuis longtemps ce vice de la loi a été signalé. Dans la discussion même de celle-ci, un amendement avait été proposé à la Chambre des députés par M. Bayard : «Je demande, disait-il, si, lorsqu'une personne a été traduite en cour d'assises pour avoir commis un meurtre, cette personne doit, sans aucune précaution, rentrer dans la société, où elle pourra commettre un crime de la même nature.» Cet amendement, de même qu'un amendement analogue proposé à la Chambre des Pairs par M. de Perry, fut repoussé. La mise en pratique de la loi n'a que trop montré combien étaient fondées les craintes des auteurs de ces amendements. Aussi la nécessité d'une réforme s'est-elle fait sentir de bonne heure. La doctrine n'a cessé de la réclamer[2].

Dès 1860, de nombreuses pétitions en ce sens étaient adressées au

[1] Voir aussi Riboud, *op. cit.*, p. 320 et suiv.

[2] Voir notamment : Georges Bouctot, *Réforme de la loi de 1838 sur les aliénés;* Huc, *Des aliénés, projet de réforme;* Girard, *Revisions de la loi sur les aliénés* (*Rev. prat. de légis. et de jur.*, 1883); Lambert, *De la loi du 30 juin 1838.*

Sénat, et M. Suin était chargé de faire un rapport sur les reproches adressés à la loi existante. En 1870, MM. Magnin et Gambetta déposaient au Corps législatif un projet de loi sur les aliénés qui ne vint pas en discussion. En 1871, la Société de législation comparée entreprit une étude sur les questions soulevées par l'aliénation mentale, et ce travail eut pour fruit un projet de loi déposé par M. Th. Roussel au Sénat, le 25 juillet 1872. Une commission extraparlementaire, nommée en 1881, examina et modifia le projet, qui, déposé définitivement le 25 novembre 1882, fut l'objet d'un rapport de M. Th. Roussel, en mai 1884, et fut adopté par le Sénat, le 11 mars 1887. Transmis à la Chambre des députés le 24 juin 1887, ce projet y a été l'objet de deux rapports non discutés, et a fini par tomber en déchéance à l'expiration de deux législatures; repris aujourd'hui par M. J. Reinach, qui l'a déposé sous la forme d'une proposition de loi, il est suspendu à l'ordre du jour de la Chambre; peut-être viendra-t-il quelque jour en discussion, et la revision, si longtemps retardée, de la loi du 30 juin 1838, pourra arriver à bien! Remarquons, d'ailleurs, qu'il s'agit là de revisions générales de la loi. Plus modeste, la Société générale des prisons, après enquête faite en 1878, avait réclamé une réforme partielle de la loi de 1838, réalisée par la simple adjonction à celle-ci de quelques articles s'appliquant aux aliénés criminels. Nous aurons souvent à nous référer à ces travaux de la Société générale des prisons, qui ont contribué, pour une large part, à dégager les vrais principes qui doivent diriger le législateur en cette difficile matière.

Les législations étrangères nous ont devancés sur ce terrain. Il n'en est pas, ou presque pas [1], qui n'aient apporté une sollicitude toute spéciale à la question des aliénés criminels. C'est donc ces législations qu'il nous faut interroger pour trouver la solution du problème qui nous occupe; comme elles sont très diverses et souvent assez incomplètes, une énumération en bloc des dispositions contenues dans chacune d'elles pècherait par la sécheresse et le manque de clarté; nous réunirons donc leurs solutions sous quatre chefs qui résument à peu près les points les plus controversés que touche le problème de l'aliénation mentale; nous discuterons ces solutions; nous les apprécierons et nous verrons s'il en est qui puissent être accueillis dans notre législation française. Ces quatre chefs sont les suivants :

1° Les aliénés criminels seront-ils placés dans des établissements spéciaux? Quels seront ces établissements?

2° Leur placement dans ces asiles devra-t-il rester, comme il l'est maintenant, une simple faculté pour l'autorité qui en est chargée, ou bien celle-ci devra-t-elle nécessairement faire interner, au moins dans certains cas, les aliénés criminels?

[1] Voir E. Bertrand, *Étude sur les diverses législations relatives aux aliénés.*

3° Quelle devra être l'autorité compétente pour ordonner le placement?

4° Quelle devra être l'autorité compétente pour ordonner la sortie? À quelles conditions la sortie sera-t-elle accordée?

La première question qui se pose est celle de savoir si les aliénés criminels devront être placés dans des asiles spéciaux. C'est en effet la solution à laquelle se sont arrêtées plusieurs législations étrangères. La première en date parmi celles-ci est l'Angleterre. (Voir Rapport du docteur Mottet, *Bull. Soc. génér. des prisons*, p. 163 et suiv.) De bonne heure, on fut frappé, chez nos voisins d'outre-Manche, des inconvénients que présente l'assimilation des aliénés criminels aux aliénés ordinaires, et, dès 1816, on ajouta un bâtiment pour soixante aliénés criminels à l'hôpital royal de Bethléem (Bedlam). Depuis cette époque le nombre des aliénés criminels de Bethléem a été augmenté, mais ce n'était néanmoins là qu'une mesure insuffisante. Aussi en 1852, lord Shaftesburg présenta-t-il à la Chambre des Lords une adresse tendant à l'établissement d'un asile spécial. En 1860, un acte du Parlement améliora le sort des aliénés criminels et consacra la fondation d'un asile spécial qui leur serait réservé. Cet asile fut élevé à Broadmour près Workingham, et ouvert dès l'année 1863; il pouvait contenir 563 personnes [1]. Des asiles de même genre ont été établis à Perth en Écosse et à Dendrum en Irlande. D'autres législations n'ont pas hésité à consacrer les mêmes principes. C'est ainsi qu'aux États-Unis, dans les États du Maine et de New-York il existe des asiles spéciaux. L'État de New-York possède une de ces maisons à Auburn, absolument distincte de la prison. Le nouveau code pénal italien organise des asiles du même genre appelés «manicomio criminale» (art. 47). Le décret récent qui traite de la situation des aliénés criminels en Portugal adopte la même solution, déjà admise par une loi du 4 juillet 1889 (art. 5) [2]. Enfin les projets de loi espagnol [3] et belge [4] organisent aussi des asiles spéciaux pour les aliénés.

En France, on a souvent réclamé l'adoption de ce système; il en est de même dans la plupart des pays où il n'existe pas encore. C'est ainsi que la Société de médecine légale de France et le Congrès international de médecine mentale ont émis un vœu en ce sens [5]. Le Congrès d'aliénistes de Vienne (juillet 1878) a exprimé des desiderata identiques. Dès 1868, l'Administration pénitentiaire française, cédant aux instances de l'inspection générale, a organisé à la maison centrale de Gaillon un quartier réservé aux condamnés atteints d'aliénation mentale ou d'épilepsie; mais elle s'en

(1) Voir docteur Mottet, Broadmoor criminal lunatic system, dans les *Annales de médec. psych.* (1881, t. VI, p. 411).

(2) *Annuaire de législation étrangère*, 1889, p. 471.

(3) *Bull. Soc. gén. des prisons*, 1894, p. 717 et suiv.

(4) *Bull. Soc. gén. des prisons*, 1891, p. 812 et suiv.

(5) *Bull. Soc. gén. des prisons*, 1878, p. 966.

est tenue là et n'a rien fait pour les aliénés criminels proprement dits. Cependant, dès l'année 1872, lors de l'enquête faite par la Société de législation comparée, MM. Mottet, Dagonet, Ribot soutenaient le principe d'un asile spécial. Le projet de 1872 disposait dans son article 43 : « Un règlement d'administration publique déterminera les conditions, l'organisation, le fonctionnement d'asiles spécialement réservés au placement des aliénés qui auront commis des crimes ou des délits. Il pourra ordonner, suivant les circonstances, la création dans les établissements publics actuellement existants, de quartiers distincts spécialement affectés à cette destination..... »

Le projet Reinach a reproduit à peu de choses près cette disposition. Citons encore dans le même sens les décisions du Congrès d'anthropologie criminelle de 1892 et de la troisième section du Congrès international pénitentiaire de 1895 (celle-ci prise sur un rapport du docteur Mottet) et enfin l'opinion unanime de la doctrine [1].

Il importe de bien comprendre quelle serait la valeur de cette innovation et les avantages qu'on en pourrait retirer en ce qui concerne les aliénés criminels. Il est certain qu'une tendance qui s'accentue tous les jours pousse à une division de plus en plus nette de différentes catégories parmi les hommes que l'intérêt social oblige à mettre hors d'état de nuire : la distinction de ces catégories diverses s'impose de plus en plus dans le régime des aliénés comme dans le régime des condamnés; on a toujours séparé les fous furieux des inoffensifs; on tend maintenant à faire dans les prisons une sélection des meilleurs ou des pires. On comprend de plus en plus qu'il est impossible, pour arriver à de bons résultats, pour amender les uns et pour guérir les autres, de leur appliquer à tous le même régime. Puisque l'on n'est pas à même, vu les nécessités pratiques, d'instituer autant de traitements que d'internés, tout au moins peut-on distinguer parmi eux diverses classes bien tranchées, auxquelles on peut appliquer des régimes notablement différents. Cette tendance devait fatalement se manifester en notre matière. En effet, l'aliéné criminel est un malade d'une espèce particulière: ce n'est pas un criminel en ce sens qu'il n'est pas moralement responsable; ce n'est pas un aliéné ordinaire, en ce sens qu'il est plus particulièrement dangereux et que, d'ailleurs, il reste sur lui la tare ineffaçable de l'acte criminel commis; c'est pourquoi l'on ne peut l'interner ni dans une prison ni dans un asile. La prison l'assimilerait à un coupable : on n'a pas le droit d'infliger ce châtiment à un innocent. L'asile, si on l'y enfermait, aurait un autre inconvénient : les aliénés ordinaires qui n'ont pas de passé subiraient une flétrissure imméritée en se trouvant en contact avec des hommes qui, s'ils sont innocents, n'en ont pas moins commis un crime.

[1] Voir, entre autres, Proal, *Le crime et la peine*, p. 372 et suiv.; Riboud, *op. cit.*, p. 327.

On ne peut pas admettre davantage que l'aliéné criminel soit enfermé dans un quartier spécial de la prison ou de l'asile; aux yeux de l'opinion publique, la prison est toujours la prison, l'asile est toujours l'asile, et la question de quartier spécial entre peu en considération. Cette première raison suffirait à elle seule pour faire concevoir la nécessité de la création d'asiles spéciaux; il existe d'autres raisons qui sont absolument décisives. Tout d'abord, il est impossible, en vertu des principes de notre droit, de retenir en prison une personne qui a été l'objet d'une ordonnance de non-lieu ou d'un verdict d'acquittement. Cette personne ne peut être placée que dans un asile. Or il est également impossible, dans un asile ordinaire, de protéger, contre cet aliéné, la société d'une façon assez efficace. La surveillance ne peut pas être assez étroite dans ces milieux où les gardiens sont forcément en nombre insuffisant, vu les exigences budgétaires, où la discipline spéciale aux aliénés les plus dangereux se relâche au contact des inoffensifs, où les nécessités d'une administration commune s'opposent à une observation rigoureuse des prodromes d'accès prochains. Les sorties sont trop aisées; les préfets, pour ne pas dépasser les limites des crédits qui leur sont ouverts, se trouvent dans l'obligation de restreindre le nombre des aliénés à entretenir, et doivent saisir avec empressement toute occasion qui leur est offerte d'alléger la dépense en laissant rendre à la liberté des aliénés qui menaçaient de s'éterniser dans l'asile départemental. Pour échapper à ces exigences budgétaires, la création d'un asile spécial ne relevant que de l'État s'impose. Ajoutons qu'un asile de ce genre protégera les aliénés criminels eux-mêmes contre le danger d'une condamnation. «J'ai vu, en effet, dit M. Proal[1], le jury déclarer responsables des accusés reconnus irresponsables par les médecins, même lorsque l'accusation était abandonnée par le ministère public. Son verdict était influencé par la crainte de voir rentrer dans la société l'accusé, s'il le déclarait irresponsable; il aurait été très probablement différent si le jury avait été certain de la séquestration de l'accusé dans un asile spécial après son acquittement. La création d'asiles spéciaux sera un appel à l'indulgence, du moment que cette indulgence ne présentera plus de danger. Le nombre des aliénés criminels méconnus diminuera. On sera plus porté à absoudre pour cause d'aliénation mentale les criminels dont la responsabilité est douteuse ou atténuée.»

Ainsi, pour nous servir des termes employés par le Congrès de Bruxelles de 1892, la création d'asiles spéciaux est «nécessaire tant au point de vue médical qu'au point de vue pénal». Cependant, elle a trouvé des adversaires; quelle idée nouvelle n'a pas les siens? C'est ainsi que la commission de la Société de législation comparée chargée de l'enquête de 1871 recueillait les protestations des docteurs Falret, Blanche et Voisin; c'est ainsi que M. Gautier de Rasse, dans un assez récent article publié dans la *Belgique*

[1] *Op. cit.*, p. 372.

judiciaire (22 mars 1891, n° 24) déclarait que «la création d'asiles spéciaux, sans sauvegarder davantage la sécurité publique, serait un acte de cruauté et d'inhumanité vis-à-vis d'êtres misérables auxquels on imprimerait une flétrissure indélébile. Loin de favoriser la guérison des malades, cette organisation la rendrait plus difficile». L'argumentation des adversaires de l'asile spécial est toujours la même : l'aliéné criminel, disent-ils, est un malade comme les autres; il y a même une contradiction dans les termes qui servent à le désigner, un aliéné n'est pas criminel, pourquoi donc lui imprimer une flétrissure imméritée pour un acte dont il n'est pas responsable? Pourquoi le mettre en contact avec des êtres dégradés qui, par leur perversité et leur funeste exemple, rendront sa guérison plus difficile? Pourquoi condamner sa famille à subir cette tare?

En réalité, ces critiques ne portent pas. Elles n'entament en rien le principe de la nécessité d'un asile spécial; elles n'entament que l'application que l'on voudrait faire de ce principe. Il serait en effet immoral et inhumain de confondre dans un même asile les aliénés criminels et les condamnés frappés d'aliénation mentale en cours de peine, de réunir les malades et les criminels. Tel n'est pas l'asile que nous réclamons. Aussi importe-t-il de préciser le caractère que devrait avoir l'asile spécial et les aliénés qu'il devrait renfermer.

Les solutions des diverses législations sont très variables sur ces points. Toutes, il est vrai, sont d'accord avec l'ancienne législation romaine sur ce que, pour les aliénés, l'asile doit être un lieu de préservation sociale et non de châtiment : *Carcer ad continendos homines, non ad puniendos haberi debet*[1]. Mais si ce point de départ est généralement admis, on ne s'entend pas sur le point de savoir quelles catégories d'aliénés il faut admettre dans les asiles spéciaux. C'est ainsi que le projet de loi de 1872 et le projet Reinach actuel ont proposé de les ouvrir, non seulement aux aliénés criminels proprement dits, mais encore aux condamnés atteints d'aliénation mentale au cours de leur peine; ces projets vont même plus loin encore : ils réunissent dans ces asiles spéciaux tous les aliénés dangereux. C'est ainsi que le projet de 1872 disposait : «Tout directeur d'un établissement public pourra solliciter de l'Administration le transport, dans l'un des asiles ou quartiers spéciaux, de tout aliéné dont l'état serait de nature à compromettre la sûreté du personnel de l'établissement.» Le projet de loi espagnol réunit dans les asiles spéciaux trois catégories de personnes :

1° Les aliénés criminels proprement dits;

2° Les condamnés qui, postérieurement au jugement, sont reconnus atteints d'aliénation mentale;

[1] Ulpien, l. VIII, § 9. Dig., l. VIII, t. XIX.

3° Les prévenus dont l'état mental est suspect et dont la mise en observation a été ordonnée par le Tribunal.

Enfin, dans la plupart des autres pays où le principe de l'asile spécial est admis, on y interne, outre les aliénés criminels, les condamnés aliénés; tel est le cas de la législation anglaise (malgré l'expérience du système contraire faite à Woking et dont nous parlerons plus loin).

Pour nous, nous l'avons déjà dit, et nous ne saurions trop le répéter, tous ces systèmes nous semblent défectueux. Il faut, comme le réclamait le Congrès d'anthropologie criminelle de Bruxelles en 1892, que les asiles d'aliénés criminels soient entièrement distincts des prisons et des asiles d'aliénés existants; il faut écarter absolument la demi-mesure des quartiers spéciaux dans la prison ou dans les asiles; il faut empêcher toute pénétration, dans l'asile spécial, de la population de l'asile ordinaire ou de la prison. Pour bien faire ressortir ces principes, examinons-les séparément.

Tout d'abord, disons-nous, il faut que l'asile spécial des aliénés criminels n'ait aucun point de contact avec les asiles ordinaires. Nous avons déjà montré combien il importait, à un point de vue purement théorique, de séparer les aliénés criminels des aliénés ordinaires. Faisons remarquer aussi que ces derniers et leurs familles pourraient, à juste titre, se plaindre d'être confondus avec des hommes qui, bien que moralement innocents, n'en restent pas moins, vis-à-vis de l'opinion publique, atteints de la tare de l'acte commis. Ces légitimes répugnances ont été souvent signalées, ce sont elles qui ont contribué pour une large part à la création d'asiles spéciaux. C'est ainsi qu'en Angleterre, jusque vers 1840, les aliénés criminels avaient été traités dans les asiles ordinaires. Un vif mouvement de réaction contre ce système ne tarda pas à se faire sentir, et les *Commissionners in lunacy* s'y associèrent. Dans leur septième rapport, rédigé en 1853, ils exposent en termes saisissants les graves objections que soulève la confusion des aliénés criminels et des aliénés ordinaires; elles portent sur cinq points principaux :

« 1° Un pareil mélange est une chose injuste. Il est pénible et blessant pour les aliénés ordinaires, pour leurs proches.

« 2° L'effet moral produit est mauvais; le langage et les habitudes des aliénés criminels sont le plus souvent agressifs; leurs dispositions, leurs tendances sont généralement perverses. Dans le cas de simulation de folie (ce qui n'est pas très rare), l'aliéné a le plus détestable caractère, et, même quand la folie est certaine, elle a souvent pour cause des habitudes vicieuses. Les aliénés de cette classe essayent fréquemment de s'évader, ils deviennent une cause d'insubordination, de mécontentement pour les autres malades.

« 3° La nécessité d'une surveillance étroite s'impose pour une classe bien plus que pour l'autre, il en résulte des difficultés tant au point de vue de la discipline que du classement et du traitement général; de ce fait se fortifie cette erreur commune que l'asile est une prison.

« 4° Les aliénés criminels concentrent sur eux toute la bienveillance et les autres aliénés se trouvent privés de l'attention et de soins qui leur sont dus par les gardiens.

« 5° L'effet produit sur les aliénés criminels eux-mêmes est mauvais[1]; ils sont insultés par les autres malades, ils s'irritent quand ils les voient sortir de l'asile. »

Après ces observations, il ne paraît pas douteux que l'on doive isoler avec le plus grand soin l'asile spécial des asiles ordinaires. La réponse est la même en ce qui concerne la séparation de l'asile spécial et de la prison; les aliénés criminels ont le droit strict d'être séparés des condamnés; on ne peut les frapper de la flétrissure qu'entraîne une confusion avec la population pénale. C'est ce principe que l'on a trop souvent méconnu, et que l'on veut méconnaître encore en proposant de réunir dans les asiles spéciaux les aliénés criminels proprement dits avec les criminels devenus aliénés au cours de leur peine. Les inconvénients d'un tel système ressortent nettement du rapport fait pour l'année 1872 par le docteur Orange, surintendant de Broadmoor et traduit par le docteur Mottet dans son remarquable rapport sur les aliénés criminels en Grande-Bretagne[2]. Il existe entre ces deux catégories d'aliénés des différences très notables, tandis que les aliénés criminels ont commis un acte criminel dans un paroxysme de manie, tandis que cet acte est le plus souvent isolé, les convicts aliénés, au contraire, comprennent des individus « dont les infractions aux lois et à l'ordre social font en quelque sorte partie de leurs habitudes de vie de chaque jour... Chez ces derniers, rien n'a empêché le développement plein, entier, d'une vie de crimes, de violences sans frein, de révoltes contre l'ordre établi, de mépris de tout travail honnête, auxquels il faut joindre les formules du langage le plus ordurier; tous ces défauts caractérisent cette catégorie d'aliénés, et rendent, quand ils sont réunis en grand nombre, leur direction bien plus difficile que ne le fut jamais celle des autres aliénés ».

Pour les aliénés criminels, au contraire, la discipline est facile à assurer; une observation attentive permet, à des symptômes que l'expérience a révélés, de prévoir les accès prochains, et de prévenir leurs conséquences.

« On peut donc se demander, ajoute M. Orange, s'il est juste et convenable de permettre que ces aliénés qui n'avaient jamais été exposés aux influences funestes des convicts atteints de folie en cours de peine, soient

(1) Voir Rapport du docteur Mottet sur les asiles d'aliénés criminels en Grande-Bretagne. (*Bull. Soc. génér. des prisons*, 1884, p. 163 et suiv.)

(2) *Bull. Soc. génér. des prisons*, 1884, p. 178 et 179.

contaminés par les habitudes dégradées, la conversation des aliénés de cette catégorie, de condamner ceux qui appartiennent à une classe à souffrir des sévérités de régime intérieur nécessaire seulement pour l'autre.»

Ce rapport, appuyé par les *Commissionners in lunacy*, amena la création d'un asile spécial dans la prison des Invalides de Woking pour les convicts devenus aliénés pendant l'emprisonnement. Dès 1875, le docteur Orange constatait les excellents résultats de cette mesure. «S'il est permis, disait-il, de traiter avec un certain degré d'indulgence les aliénés dont les actes criminels peuvent être attribués à leur trouble mental, il n'en saurait être de même pour les convicts devenus aliénés pendant l'emprisonnement. Cette sévérité, ce système auront pour effet de réprimer la tendance à la simulation de la folie, à cet abandon de propos délibéré du contrôle de soi-même, quand on saura qu'ils ne conduisent ni au bien-être, ni à la liberté relative de la «Ferme (terme par lequel les convicts désignent Broodmoor)».

Nous sommes ainsi arrivés à cette conclusion que l'asile spécial doit être réservé exclusivement aux aliénés criminels *stricto sensu* [1]. Il nous reste à nous demander si tous les aliénés criminels, quels qu'ils soient, y doivent trouver place. On a en effet élevé de sérieuses objections contre la réunion dans un seul et même asile de tous les aliénés criminels quels que fussent leurs antécédents, leur position sociale, le crime par eux commis. C'est ainsi que sir Ch. Wood, surintendant de l'asile de Bethléem publiait, en 1854, des «Reflexions sur les mesures à prendre dans l'avenir à l'égard des aliénés criminels [2]». Il formulait ses objections dans les termes suivants :

«Est-il désirable, disait-il, qu'un grand asile central, appartenant à l'État, soit créé pour les recevoir tous? Il me semble, mais je n'élève cette opinion qu'avec réserve, que de sérieuses objections s'élèvent contre la réunion sur un seul point de tous les aliénés criminels du pays. Il ne faut pas oublier que ces malades appartiennent aux classes de la société les plus diverses; qu'ils ont été traduits en justice dans les circonstances les plus différentes. Serait-ce faire acte d'humanité de placer une femme, un homme du monde qui, dans un moment de folie impulsive, peuvent avoir commis un délit insignifiant, dans le même quartier ou seulement dans le même établissement que des femmes et des hommes de la plus basse extraction, qui auront commis les faits les plus révoltants? Il n'y a pas une famille dans le royaume, qu'on la prenne aux rangs les plus élevés ou dans la condition la plus humble, qui ne puisse être frappée par cette calamité

[1] Dans l'État de New-York, il existe à Auburn un asile absolument distinct de la prison, et où l'on ne reçoit que les aliénés criminels *stricto sensu*. Il donne les meilleurs résultats. (*Bull. Soc. génér. des prisons*, 1888, p. 485.)

[2] Traduit par le docteur Mottet. (*Bull. Soc. génér. des prisons*, 1884, p. 174.)

terrible, la folie; une faute légère peut amener le malheureux qui en est atteint devant un tribunal..... Acquitté comme aliéné, cet infortuné délinquant, qui peut avoir de hautes relations, être bien élevé, d'habitudes distinguées, devra-t-il être jeté au milieu de bandits grossiers et cruels, aliénés, sans doute au moment où ils ont commis leurs crimes, dont les mains ont été souillées par les forfaits les plus épouvantables, les plus odieux?..... » Et sir Ch. Wood conclut par la proposition suivante : « Il y a lieu, dans le placement des aliénés criminels, d'adopter des principes de classement; les aliénés qui appartiendront aux classes les plus élevées de la société devraient être maintenus sur un ordre de la Reine soit à Bethléem, soit dans un autre asile de l'État.

« Ceux qui ont commis de légers méfaits devraient être internés, sur un ordre du Ministre de l'intérieur, dans les asiles de Comté, où des installations spéciales seront préparées pour eux, et où ils pourront être mêlés aux aliénés ordinaires si les directeurs de ces asiles n'y voient pas d'inconvénients. »

Ces observations, notons-le bien, n'entament en rien le principe de la nécessité d'un asile spécial d'État, tout au moins en ce qui concerne les aliénés appartenant aux classes inférieures de la société et ceux qui ont commis des crimes graves. Mais elles font nettement ressortir la nécessité d'un classement. Suivant quels principes un tel classement devrait-il s'effectuer, c'est ce que nous allons examiner.

Il est difficile, pour ne pas dire impossible, de prendre comme base de ce classement la situation sociale des aliénés criminels, ainsi que le désirerait sir Ch. Wood; le principe de l'égalité de tous devant la loi serait manifestement violé. Il existe un autre facteur qui peut servir d'élément de classement : c'est le danger que ces aliénés présentent pour la société, c'est la nature de leur manie et le degré de perversité qu'elle suppose chez eux. On pourrait ainsi ne placer dans l'asile spécial que les aliénés criminels qui sont réellement un péril pour la vie des personnes ou pour l'ordre public. En effet, il n'est pas à désirer que le nombre des internés dans cet asile aille se multipliant; la surveillance et le traitement y deviendraient difficiles. D'autre part, il est inutile d'infliger une incarcération pénible à de pauvres êtres irresponsables, du moment que leur folie ne peut pas avoir de graves conséquences, et qu'ils peuvent être facilement surveillés en dehors de l'asile. Il y a des délits causés par la manie qui ne sont pas de nature à compromettre gravement l'ordre social et qui peuvent être aisément réparés. Tels sont ces vols dans les grands magasins qui amènent trop souvent devant nos tribunaux correctionnels des personnes que leur situation sociale eût dû placer au-dessus de tout soupçon, et que l'on doit fréquemment mettre sur le compte d'une impulsion irrésistible confinant de près à la manie. A notre gré, lorsque de tels délits sont suivis d'un acquittement, il serait injuste qu'ils conduisissent leur auteur à l'internement dans un asile spécial. C'est ici surtout qu'il faut se garder d'exagérer le droit de sauvegarde de la société au détriment de la liberté des personnes et du droit des familles. Il importe de n'imposer l'asile spécial que dans les cas où l'expérience a montré que des rechutes étaient surtout à craindre, et dans les cas où ces rechutes entraîneraient des conséquences difficilement réparables.

Ces idées ont frappé les législateurs de ces dernières années. Le Portugal, dans son décret du 10 janvier 1895, la Belgique, dans son projet de loi du 14 avril 1890, et l'Espagne, dans son projet du 4 avril 1894, se sont préoccupés d'établir un classement entre les aliénés criminels.

Deux systèmes sont en présence. Le premier, qui est celui du décret portugais (art. 13), distingue suivant la nature du crime commis par les aliénés : ou bien il s'agit de crimes punissables d'une des peines majeures (deux ans de cellule au moins), et alors les aliénés devront être placés dans l'infirmerie spéciale organisée par la loi du 4 juillet 1889 ; ou bien il s'agit de crimes punissables d'une peine mineure, et alors les aliénés seront remis à la garde de leurs familles ; à défaut de celles-ci, on les placera dans les asiles d'aliénés ordinaires. Telles sont les dispositions des articles 13 et 14, ainsi conçus[1] :

« Art. 13. Recevront la destination fixée par l'article 5 de la loi du 4 juillet 1889 les aliénés suivants :

« 1° Ceux qui auront commis des actes punissables d'une des peines majeures et qui n'auront pas été mis en accusation comme auteurs du crime à raison de leur folie ;

« 2° Les individus inculpés de crimes punissables de la même peine dont le procès aura été suspendu conformément à l'article précédent (c'est-à-dire comme ayant donné des signes de folie au cours de l'instruction de l'affaire), et ceux qui auront été absous comme ayant violé la loi en état d'aliénation mentale.

« Art. 14. L'aliéné coupable d'un acte punissable d'une peine inférieure à celle fixée par l'article précédent devra être remis, par ordre du tribunal, à la garde de la famille, ou si celle-ci n'est pas en mesure de se charger de le garder, il sera mis à la disposition de l'autorité administrative pour l'interner dans un asile d'aliénés. »

Ce système a des avantages ; il est simple, et l'application en est facile ; toutefois il a le tort de ne protéger suffisamment ni la société, ni l'aliéné ; il peut se faire qu'un aliéné coupable d'un acte punissable d'une simple peine mineure ait fait preuve néanmoins d'instincts très dangereux, tandis que, d'autre part, il peut se faire également qu'un aliéné coupable d'un acte punissable d'une peine majeure ne constitue pas un péril grave pour

[1] Voir *Bull. Soc. génér. des prisons*, 1895, p. 893.

la société et soit d'une surveillance facile. C'est ainsi qu'un aliéné qui a commis un délit léger contre les personnes est plus dangereux qu'un aliéné qui a commis un crime grave contre la propriété. Ce sont les instincts de l'aliéné qu'il faut apprécier, plutôt que la gravité pénale de l'acte commis.

C'est ce qu'ont bien compris les projets de loi espagnol et belge.

Ce dernier (art. 4 et 7) distingue entre deux classes d'aliénés : d'un côté ceux qui ont manifesté des instincts homicides, ou le penchant au viol ou à l'incendie; de l'autre, tous les autres aliénés criminels; les premiers devront seuls être internés dans les asiles de l'État.

Même distinction dans le projet espagnol (art. 14). Il porte que «dans les délits contre les personnes et dans le délit d'incendie, le tribunal décrétera donc nécessairement l'internement du prévenu dans le *manicomio judiciare.....*».

En effet, parmi les aliénés criminels, il en est trois catégories qui sont plus sujettes à rechute et plus dangereuses pour l'ordre social; elles comprennent ceux qui sont atteints de manie homicide, de manie érotique ou de manie incendiaire. Ce seront donc ces aliénés seulement que nous internerons dans nos asiles spéciaux. Nous déciderons que toutes les fois qu'une personne poursuivie pour un crime ou délit contre les personnes, ou pour un crime d'incendie, échappera à la poursuite ou à la condamnation à raison de son état d'aliénation mentale, cette personne devra être internée dans un asile spécial de l'État.

Quant aux autres aliénés criminels, nous nous rallions à la solution donnée par le décret portugais, nous les remettrons à leurs familles; celles-ci, en effet, sont plus intéressées que qui ce soit à prévenir les rechutes du malade qui leur est confié; d'ailleurs, leur affection, leurs soins sauront mieux aussi que tous autres les ramener à la santé. Il faudra toutefois que ces familles présentent des garanties suffisantes, et qu'elles veuillent accepter la charge qu'on leur offre; l'autorité qui s'occupera du placement des aliénés criminels aura à apprécier la moralité, aussi bien que les ressources de ces familles. Si les aliénés ne peuvent leur être confiés, on les placera dans les asiles ordinaires. Cette mesure ne présente pas d'inconvénients, puisque ces aliénés forment une sorte de sélection, puisque tous les aliénés dangereux ont été dirigés sur l'asile spécial.

Les conclusions auxquelles nous sommes parvenus en ce qui concerne la nécessité de la création d'un asile spécial, le régime de cet asile et le classement des aliénés qui y doivent être internés, nous permettent de répondre beaucoup plus aisément aux diverses questions qui restent à traiter dans notre programme.

La première de ces questions qui s'offrent à nous maintenant est celle de savoir si le placement des aliénés dans les asiles spéciaux doit rester une simple faculté pour l'autorité qui en est chargée. Supposons, par exemple, un aliéné qui a commis un meurtre. D'après ce que nous avons dit plus haut, cet aliéné doit être traité dans un asile spécial. L'autorité chargée de son placement aura-t-elle le droit d'ordonner qu'il n'y sera pas placé? Pourra-t-elle apprécier son degré de perversité, son degré de folie? Cela serait bien dangereux pour la société et d'une application bien délicate. D'après tout ce que nous avons dit, il est préférable d'admettre que tout aliéné ayant commis les actes ci-dessus désignés devra nécessairement être placé dans un asile spécial. Ce principe qu'a méconnu le projet admis par la Société générale des prisons en 1881 : «Le ministère public *aura le droit* de requérir la translation dans un asile lorsque l'état de démence du prévenu sera de nature à compromettre l'ordre public ou la sécurité des personnes», ainsi que le projet voté au Sénat en 1887 après un amendement de M. Paris : «Les aliénés dits criminels *pourront* être renfermés dans des quartiers spéciaux», s'impose absolument dans les législations qui reconnaissent la nécessité d'un classement des aliénés criminels. Aussi a-t-il été admis par le décret portugais et les projets de loi belge et espagnol.

La question qui, après celle des asiles spéciaux soulève les plus ardentes controverses, est celle de savoir quelle est l'autorité qui ordonnera le placement des aliénés criminels dans l'asile.

En France, on le sait, sous le régime de la loi de 1838, c'est l'autorité administrative qui ordonne le placement. Nous avons vu à quels abus l'intervention de cette autorité donne lieu, et de fait, de pareils abus suffisent à condamner un principe. Il y a longtemps que celui-ci est l'objet des plus vives critiques.

En Angleterre, dès l'année 1800 (Act du 28 juillet 1800, 39 et 40 Geo III), l'autorité administrative a été dépossédée du placement des aliénés criminels. En France, on n'a pas cessé depuis 1860 de réclamer une mesure analogue. Un vœu en ce sens était formulé par la Société de législation comparée (voir procès-verbaux des séances du 22 septembre 1871 au 24 janvier 1872). Le Congrès des sciences médicales de Bruxelles, dans sa séance du 25 septembre 1876, renouvelait les mêmes desiderata. La Société de médecine légale en France votait le 11 juin 1877 la proposition suivante :

«Toutes les fois qu'un acte criminel ou délictueux aura été commis par un individu reconnu irresponsable pour cause d'aliénation mentale, le juge, après avoir constaté et déclaré sa non-culpabilité, devra ordonner son internement dans un asile déterminé... »

Un article analogue a été voté le 12 avril 1881 par la section de législation de la Société générale des prisons. Il dispose : «En cas d'acquittement pour cause d'aliénation mentale, le ministère public aura le droit de requérir la translation dans un asile.»

Le projet de loi de 1872 décidait (art. 44) que lorsqu'un accusé aurait été renvoyé des fins de l'accusation pour cause d'aliénation mentale, la juridiction qui l'aurait renvoyé aurait qualité pour statuer immédiatement sur son envoi dans une maison d'aliénés. Le projet voté par le Sénat en 1887 adoptait les mêmes principes en les précisant (art. 39) : d'après celui-ci, la juridiction qui statuera sera soit la chambre du conseil (au cas de verdict de non-culpabilité, d'ordonnance de non-lieu ou d'acquittement en police correctionnelle), soit la chambre des mises en accusation (au cas d'arrêt de non-lieu).

Les législations étrangères adoptent assez généralement le principe de l'exclusion de l'autorité administrative. C'était la solution de l'ancien droit français; c'est celle de la Belgique, de la Norwège, de la Russie, de l'Espagne, de l'Angleterre, de la plupart des États de l'Union... La doctrine est aussi dans le même sens[1]. Citons par exemple MM. Chauveau et Hélie (*Traité du Code pénal*, t. I, p. 560, 5e éd.). «Il nous semble, disent-ils, que dans ce cas il appartient naturellement aux juges qui ont pu apprécier dans les débats l'état moral de l'accusé, de le soumettre, tout en l'acquittant à une détention plus ou moins sévère. L'article 66 permet la même mesure de précaution à l'égard des mineurs de 16 ans; il faut bien reconnaître qu'il existe entre les mineurs et les insensés une grande analogie.»

Les solutions que nous avons précédemment adoptées en ce qui concerne le classement des aliénés criminels nous obligent à poser, en notre matière, la question autrement. En effet, il ne s'agit plus de savoir qui peut *ordonner* le placement dans l'asile, puisque ce placement n'est plus facultatif, puisqu'il s'impose pour les aliénés qui ont commis certains crimes; il s'agit plutôt, si nous pouvons nous exprimer ainsi, de savoir qui peut déclarer la folie. Supposons, par exemple, qu'une personne ait commis un meurtre. Pour qu'elle soit placée dans un asile, il faut : 1° qu'elle soit l'objet d'un non-lieu ou d'un acquittement; 2° que ce non-lieu ou cet acquittement ait pour cause la folie de cette personne. Si ces deux conditions sont réunies, et si le crime commis rentre dans la catégorie des crimes qui, selon nous, doivent entraîner le placement dans un asile spécial, cette personne y sera nécessairement placée. Or nous connaissons l'autorité compétente pour prononcer le non-lieu ou l'acquittement, reste à savoir quelle sera l'autorité compétente pour déclarer que ce non-lieu ou cet acquittement est basé sur la folie de l'agent.

Poser la question en ces termes, c'est la résoudre; il est évident, en effet, que l'autorité qui absout a seule qualité pour apprécier les motifs de cette absolution; ce sera donc à l'autorité judiciaire que nous reconnaîtrons le droit de juger de l'aliénation mentale du prévenu et, par suite, d'ordonner son placement dans l'asile spécial.

Cette compétence de l'autorité judiciaire lui est cependant contestée par les médecins. Ceux-ci aimeraient à voir rendre obligatoire l'examen mental

(1) Voir M. Th. Roussel, *loc. cit.*, p. 106.

(2) Voir *Bull. Soc. génér. des prisons*, 1889, p. 913.

de tous les prévenus; ils voudraient que leurs conclusions pussent lier la justice, et que d'eux seuls dépendît le placement des aliénés criminels dans les asiles. Tel était le sens de l'avis donné en juin 1891 par le Conseil supérieur de l'Assistance publique au sujet de la revision de la loi de 1838, et d'une motion du Congrès de médecine mentale de 1889. C'est aussi la conclusion qui se dégage du mémoire du docteur Paul Garnier, «De la nécessité de considérer l'examen psycho-moral de certains prévenus comme un devoir de l'instruction».

Ces prétentions sont certainement exagérées. Que l'on donne dans la plus large mesure accès aux médecins aliénistes auprès des prévenus dont l'état mental est suspect, que le tribunal tienne un grand compte des conclusions de ces experts, cela suffit à donner satisfaction à l'équité; mais il serait dangereux d'aller plus loin. «Sans nul doute[1] la question est épineuse et délicate. Le médecin est compétent, mais non infaillible... On a vu le même sujet déclaré fou à lier par les uns, en plénitude de ses facultés mentales par les autres. N'est-il pas à craindre aussi que l'aliéniste, en contact incessant avec les fous n'ait une propension à voir des égarés ou des prédestinés de la folie partout? C'est un fait bien connu : les médecins ou directeurs d'asile voient souvent dans la moindre bizarrerie, la plus légère exagération, un indice de folie. L'incompétence du magistrat, d'un homme sain et doué de bon sens, peut être parfois préférable à la compétence inquiète de l'homme de l'art... »

Après avoir ainsi écarté le principe de l'autorité absolue des médecins dans le placement des aliénés criminels, il nous reste à préciser quels magistrats nous entendons spécialement désigner en parlant de l'autorité judiciaire. Les idées que nous avons dégagées nous conduiront très rapidement à une solution. C'est à l'autorité qui juge de la culpabilité, avons-nous dit, qu'il appartient de juger de la folie, et par suite d'ordonner le placement.

Nous nous trouvons ainsi amenés à éliminer d'abord l'intervention du ministère public. Celui-ci n'est pas juge de la culpabilité du prévenu; si donc on lui reconnaissait le droit de faire séquestrer les aliénés criminels, il dépendrait de lui d'interner, sous prétexte de démence, un homme qui a peut-être été renvoyé des fins de la poursuite pour une autre cause; bien plus, d'un homme dont il aurait soutenu jusqu'au terme de l'affaire la culpabilité. Le placement par le ministère public aurait trop souvent l'air d'une revanche. C'est ce que l'on fit très justement observer lors de la discussion du projet sur les aliénés criminels rédigé par la Société générale des prisons. On maintint néanmoins l'intervention du ministère public, parce qu'il agissait ainsi, dit-on, en qualité d'officier de police judiciaire. C'était un retour — indirect, il est vrai — à l'idée de l'intervention de l'au-

[1] Voir article du journal *le Temps*, 22 sept. 1889.

torité administrative; et cela s'expliquait d'ailleurs assez bien si l'on songe que, dans ce projet, l'internement de l'aliéné criminel restait facultatif. Le principe contraire auquel nous nous sommes ralliés nous conduit à refuser tout droit de ce genre au ministère public.

Nous serons même plus absolus dans l'application de ce principe qu'on ne l'a généralement été, et nous déciderons que l'autorité compétente pour décider du placement de l'aliéné dans un asile sera :

1° Le juge d'instruction, au cas d'ordonnance de non-lieu;

2° La chambre des mises en accusation, au cas d'arrêt de non-lieu;

3° Le tribunal correctionnel, au cas d'acquittement devant le tribunal correctionnel;

4° Le jury, au cas d'acquittement devant la cour d'assises.

Parmi ces solutions, il en est deux qui ne paraissent pas devoir faire de difficulté : ce sont celles qui reconnaissent compétence à la chambre des mises en accusation au cas d'arrêt de non-lieu, et au tribunal correctionnel au cas d'acquittement devant ce tribunal. La première solution avait été consacrée par le Sénat dans le projet voté en 1887 (art. 39); la seconde trouve un appui dans son analogie avec l'article 66 du Code pénal qui permet au tribunal, tout en acquittant un mineur, d'ordonner qu'il sera détenu jusqu'à sa majorité.

Les deux autres solutions ne vont pas sans difficulté.

Supposons d'abord qu'il s'agisse d'une ordonnance de non-lieu. Dans ce cas, le projet de 1887 remettait le soin de statuer à la chambre du conseil. Pour nous, nous serions disposés à laisser le soin du placement au juge d'instruction. Ce pouvoir, dira-t-on, est exorbitant, il augmente dans une mesure exagérée la responsabilité et les pouvoirs du juge d'instruction. Nous répondrons que cette responsabilité n'est pas aussi grande qu'on pourrait le penser avec les principes que nous avons adoptés, le placement dans l'asile spécial n'étant plus une faculté, mais un devoir pour le juge dans des cas déterminés. Il n'y a rien de plus exorbitant à donner au juge d'instruction le pouvoir d'ordonner l'incarcération d'un aliéné pour lequel il fait un non-lieu en raison de son aliénation, qu'à permettre, comme on le fait maintenant, qu'il puisse rendre à la société cet aliéné qui constituera un danger pour la sécurité publique. Que l'on songe surtout aux abus que pourrait causer la division entre deux autorités du pouvoir d'acquitter et du pouvoir d'ordonner l'internement. C'est de cette division entre l'autorité judiciaire et l'autorité administrative qu'est né pour une grande part l'état de crise actuel. Il importe de bien signaler ces inconvénients. Supposons que, comme le voulait le projet de 1887, ce soit à la chambre du conseil qu'il appartienne de statuer sur le placement dans un asile de l'aliéné qui a été l'objet d'un non-lieu. De deux choses l'une : ou bien la chambre du conseil jugera que réellement le criminel est bien frappé d'aliénation et ordonnera le placement : le juge d'instruction eût pu le faire aussi bien et plus rapidement qu'elle ; ou bien la chambre du conseil déclarera le criminel conscient et responsable, et alors ce sera la légitimité de l'ordonnance de non-lieu qui sera mise en doute. Verra-t-on encore ce spectacle lamentable d'un criminel renvoyé des poursuites parce qu'on le déclare aliéné et renvoyé de l'asile parce qu'on le déclare sain d'esprit ?

Nous croyons donc que le juge d'instruction, qui a le droit de rendre une ordonnance de non-lieu pour cause d'aliénation, peut aussi, dans ce cas, ordonner le placement.

La question qui a soulevé le plus de controverses dans la matière qui nous occupe est relative à l'intervention du jury dans le placement de l'aliéné qu'il acquitte. En effet, une difficulté toute spéciale surgit sur ce point : le verdict du jury, nous l'avons vu, n'est pas motivé, de sorte qu'il n'est pas possible de savoir, après un acquittement, si le jury s'est basé dans son verdict sur l'aliénation mentale de l'accusé ou sur tout autre motif. Il suit de là que deux opinions sont en présence ; dans l'une, il faut laisser les choses dans l'état où elles sont : ce sera la cour qui, après l'acquittement et en se basant sur les circonstances de la cause, déclarera que l'accusé lui paraît aliéné et sera interné dans un asile spécial. Dans l'autre opinion, la question de démence devra être posée au jury. Au cas de réponse affirmative, l'aliéné qui rentrerait dans les catégories que nous avons spécifiées serait *de plano* dirigé sur l'asile.

Ce que nous avons dit jusqu'ici ne laisse pas de doute sur la solution que ce problème nous paraît comporter. Le jury seul doit intervenir. Tous les inconvénients de la division des autorités signalés plus haut reparaîtraient ici. On a fort bien dit que la cour, en ordonnant l'internement, pourrait sembler exercer « des représailles » vis-à-vis du jury. On refuse, il est vrai, au jury la compétence nécessaire en ces matières. M. Fernand Desportes répond à ces objections [1] : « Pourquoi ne pas laisser au jury le soin de prononcer sur la question de démence ? On se défie des jurés, on pense qu'ils n'ont pas la compétence nécessaire pour juger eux-mêmes les questions délicates soulevées par l'état mental de l'accusé ; c'est là le seul motif qu'on ait invoqué dans la section pour écarter l'amendement que j'avais eu l'honneur de présenter... Mais toutes les fois que ces questions sont soulevées dans un débat criminel, le jury ne doit-il pas les examiner et le verdict d'acquittement qui, en fait, a pour cause l'état d'aliénation du coupable n'est-il pas toujours précédé d'une délibération ? En réalité, cette objection émane de personnes qui n'ont pas une grande tendresse pour

[1] *Bull. Soc. génér. des prisons*, 1881, p. 118 et 119.

l'institution du jury, car elle pourrait s'appliquer à bien d'autres circonstances. N'est-il pas plus grave de laisser aux jurés le droit de prononcer sur la vie d'un homme que de leur accorder celui de statuer sur son état mental? »

On tire encore une objection contre l'intervention du jury de cette considération que les jurés seraient trop portés à l'indulgence. «Le jury, dit M. Desjardins[1], ne doit pas être appelé à émettre un avis sur l'état mental de l'accusé. Guidé par l'intérêt immédiat et se souciant assez peu de concilier l'idée du juste avec celle de l'utile, il irait trop aisément à la solution qui débarrasserait la société du délinquant par un internement quelconque et dispenserait d'appliquer la peine afflictive. Bien peu de jurys, par exemple, si l'affaire était habilement conduite par le défenseur, se résoudraient à déclarer saine d'esprit la femme accusée d'infanticide. . . » Nous répondrons que dès maintenant le jury n'hésite pas à prononcer l'acquittement dans de pareils cas; la société serait mieux sauvegardée si tout au moins l'inculpé était interné dans un asile.

Le principe de l'intervention du jury n'a pas été admis dans le projet Reinach, pas plus que dans le projet de loi belge. Le projet Gambetta l'admettait, et la plupart des pays étrangers qui connaissent l'institution du jury l'ont consacré. C'est ainsi qu'une question spéciale doit nécessairement être posée au jury sur l'état mental de l'accusé en Italie; en Russie (art. 754, c. instr. crim.); en Autriche (art. 319, c. instr. crim. de 1874); dans la plupart des États de l'Union; en Allemagne; en Angleterre, où elle a été possible depuis l'act du 28 juillet 1800. Notons enfin que la Société générale des prisons[2], qui avait d'abord été hostile à cette réforme, décida, à la suite des observations de M. Fernand Desportes, de changer le texte du projet qui lui était soumis par sa section de législation et adopta l'article suivant : «Lorsque l'accusé ou son conseil aura proposé comme moyen de défense l'état de démence au moment de l'action, le président devra, à peine de nullité, poser les questions suivantes : 1° L'accusé a-t-il commis le fait spécifié dans la question de culpabilité? 2° Était-il en état de démence au temps de l'action? Ces questions devront figurer avant toutes autres.»

Nous savons maintenant quelles garanties sont données à la société en ce qui concerne le placement des aliénés criminels dans l'asile spécial; nous savons comment et par quelle autorité le placement est fait; il nous reste à voir comment les aliénés pourront en sortir.

La facilité avec laquelle les aliénés criminels rentrent maintenant dans la société est l'un des grands griefs que l'on soulève contre la loi de 1838. Il importe d'entourer cette sortie de garanties sérieuses.

Plusieurs législations étrangères ont établi une première garantie; elles

(1) *Bull. des séances de l'Acad. des sc. mor. et pol.*, 1895, p. 111.

(2) Citons aussi un vœu en ce sens de la Société de médecine légale.

ont fixé une durée minima pendant laquelle l'aliéné criminel, même guéri, doit être retenu dans l'asile. C'est ainsi qu'en Russie la cour doit envoyer *au moins pour deux ans* dans un asile l'individu accusé d'homicide, tentative d'homicide ou suicide. En Pensylvanie, où la sortie est autorisée par un juge spécial, cette sortie ne peut être autorisée qu'après un emprisonnement minimum de trois mois. Ce système est assurément ingénieux et il donne une arme efficace contre les simulateurs. Il constitue toutefois une atteinte regrettable au principe de la liberté individuelle. Pourquoi retenir un innocent dans un asile, s'il est guéri avant l'expiration du délai fixé? Cela est d'autant plus vrai que le délai est plus long.

C'est ailleurs qu'il faut chercher des garanties pour la société. Le problème qui se pose est des plus délicats; il faut pouvoir remettre en liberté l'aliéné dès qu'il est guéri; ne le remettre en liberté que lorsqu'il est parfaitement guéri; et enfin rester à même de le surveiller et, s'il est menacé de nouveaux accès, de l'incarcérer pour en prévenir les conséquences.

Les deux premiers desiderata sont plus faciles à assurer que le troisième.

Il importe d'abord de remettre en liberté l'aliéné dès qu'il est guéri. La loi de 1838, qui, nous l'avons vu, a généralement sacrifié le principe de la sauvegarde sociale au principe de la liberté individuelle, a pris des précautions minutieuses pour éviter les détentions arbitraires. Il semble que la crainte de ces dernières, si fréquentes sous l'ancien régime, ait été le principal mobile du législateur de 1838. Les articles 13, 29 et 30, que nous avons cités, assurent, autant que faire se peut et sous la sanction de peines très graves, la sortie de l'aliéné aussitôt qu'il est guéri. Ces articles, à notre avis, doivent être conservés avec la garantie qu'ils donnent à la liberté individuelle.

Mais des améliorations s'imposent sur le deuxième des points que nous avons signalés; il importe que l'aliéné ne quitte l'asile que s'il est complètement guéri. Les exigences budgétaires, qui obligent trop souvent les préfets à se débarrasser sans grand contrôle des aliénés qui encombrent les asiles départementaux, n'existeront plus du jour où l'on aura créé un ou plusieurs asiles spéciaux aux frais de l'État. Reste la question de savoir quelle autorité sera compétente pour constater la guérison de l'aliéné et autoriser sa sortie. On sait que dans la législation française actuelle cela dépend de l'autorité administrative seule. On sait quels abus ce système a engendrés, puisqu'une statistique dressée à propos du projet Roussel sur les aliénés a constaté que, parmi les réintégrations dans les asiles, 598 avaient eu lieu pour évasion ou pour *sortie avant guérison*.

Il importe donc d'exercer un contrôle sévère sur les sorties; ce contrôle, on ne peut le trouver que dans l'intervention de l'autorité judiciaire.

Cette intervention est réclamée depuis longtemps. La plupart des États étrangers qui admettent le placement dans les asiles par l'autorité judiciaire exigent l'intervention de cette autorité pour la sortie. Quelques-uns cependant conservent encore le principe de l'omnipotence de l'Administration : en Angleterre, la sortie est prononcée d'après le certificat des médecins par le secrétaire d'État à l'intérieur (act sur les aliénés criminels de 1867); au Canada, la sortie est accordée «lorsque le bon plaisir du lieutenant-gouverneur est connu»[1]; le projet belge décide (art. 7) que «les individus dont l'internement dans un asile spécial de l'État a été ordonné pour cause d'instincts homicides... ne sont mis en liberté qu'en vertu d'une décision rendue par le comité d'inspection et de surveillance de l'asile, sur le vu de la déclaration mentionnée au paragraphe 1er de l'article 3 de la loi du 15 janvier 1874».

Mais les législations qui, plus logiques, exigent l'intervention de l'autorité judiciaire, sont nombreuses. Citons la Russie, un grand nombre des États de l'Union (Pensylvanie, Virginie, etc.), le Portugal, l'Espagne. L'article 16 du décret portugais du 10 janvier 1895 décide que «le directeur de l'établissement enverra au magistrat du ministère public compétent les renseignements nécessaires pour délivrer le mandat de mise en liberté». Les mêmes conclusions ont été formulées par la Société de médecine légale de France (11 juin 1877) : «Le juge, après avoir constaté et déclaré la non-culpabilité, devra ordonner l'internement de l'aliéné dans un asile déterminé, d'où il ne pourra sortir qu'en vertu d'un jugement contradictoire comme le premier.» En 1881, la Société générale des prisons a adopté la motion suivante : «La sortie d'un aliéné ainsi placé ne pourra avoir lieu que sur l'avis conforme du procureur de la République du lieu de la séquestration.» Enfin, la troisième section du Congrès international pénitentiaire tenu à Paris en 1895 a décidé «qu'il y a lieu d'adopter le principe de la triple intervention de l'autorité judiciaire, de l'autorité administrative, des médecins de l'asile pour autoriser la sortie de ces aliénés».

Cette dernière formule nous paraît résumer toutes les précédentes, en réunissant toutes les garanties désirables pour la sortie des aliénés criminels. Nous exigerons donc, pour autoriser la sortie de l'un d'entre eux : 1° le certificat des médecins de l'asile; 2° le certificat d'experts commis en outre par l'administration pour examiner les aliénés criminels en instance de sortie; 3° l'avis conforme de l'administration; 4° le jugement autorisant la sortie. Ce jugement serait rendu par le tribunal de première instance de la situation de l'asile; le ministère public serait entendu; les intéressés pourraient y contredire. Il nous semble que l'intervention de l'autorité judiciaire ainsi comprise serait une sauvegarde sérieuse pour la société, beaucoup plus sérieuse à coup sûr que l'exigence d'une autorisation émanant du ministère public, telle que la voulait établir le projet de la Société générale des prisons : cette autorisation, en effet, fût devenue une pure formalité, puisque personne n'eût été amené à s'y opposer, et que par suite le minis-

[1] *Bull. Soc. génér. des prisons*, 1895, p. 1125 et suiv.

tère public eût dû suivre presque forcément l'avis des médecins et de l'administration.

Il y a encore un cas, en dehors du cas de guérison, où l'on peut autoriser la sortie d'un aliéné criminel : c'est le cas où celui-ci, ayant perdu ses forces par l'âge ou la maladie, se trouve dans l'impossibilité de nuire. Ce cas a été expressément prévu par l'article 16 du projet espagnol et par l'article 15 du décret portugais. Celui-ci dispose : «Les aliénés mentionnés à l'article 13 ne pourront être mis en liberté que lorsqu'on fera preuve de leur guérison complète, ou lorsqu'ils seront devenus inoffensifs en raison de leur âge ou de la perte de leur force.» Cette disposition très heureuse devrait être admise dans notre législation ; du moment que l'aliéné est hors d'état de nuire, il serait injuste de lui infliger l'incarcération dans un asile. Nous soumettrions la sortie pour cause de perte de forces aux mêmes conditions que la sortie pour cause de guérison.

Alors même que l'aliéné est sorti parfaitement guéri de l'asile, tout danger n'a pas cessé pour la société. La maladie peut avoir des rechutes. De nouveaux accès peuvent survenir. Nous avons montré combien il était à craindre, surtout pour les alcooliques, que de nouveaux excès ne vinssent compromettre la guérison obtenue et faire retomber le criminel dans sa funeste manie.

La société doit-elle rester absolument désarmée contre ces rechutes possibles? Quelles armes pourrait-on lui donner? Telle est la dernière question qui doit nous occuper.

Deux cas peuvent se présenter : il peut arriver qu'un aliéné soit guéri, mais que l'on ait néanmoins lieu de craindre une rechute imminente. Dès lors à quoi bon lui donner une liberté qu'il faudra bientôt lui reprendre? C'est le cas prévu par l'article 17 du projet espagnol : «Lorsque, malgré la guérison, on a des motifs fondés de craindre une rechute, on devra justifier la présence indéfinie de l'individu dans l'établissement devant le tribunal qui décidera après les informations jugées nécessaires. L'enquête pourra être réclamée d'office par le ministère public, ou sur les instances de la famille, ou du représentant légal du détenu.» Il y a là, en effet, une anomalie : une personne innocente et non aliénée se trouve détenue par mesure de précaution, parce qu'un accès de démence pourrait survenir d'un moment à l'autre. Cette situation porte une atteinte grave à la liberté individuelle. Elle ne peut donc se prolonger que pour des motifs graves. D'où l'importance de l'enquête, qui justifiera de ces motifs. L'enquête satisfera aux légitimes exigences du principe de la liberté individuelle; elle décidera si oui ou non il y a lieu de maintenir l'incarcération qui doit sauvegarder l'intérêt social. Cette ingénieuse disposition pourrait avantageusement être introduite dans notre législation.

Le second cas est bien plus fréquent : c'est celui d'un individu chez qui la démence est le fruit de mauvaises habitudes et de mauvais penchants qu'une volonté ferme suffirait à détruire. C'est particulièrement le cas des alcooliques. Le régime sévère de l'asile ramène ces individus à la santé; une fois la guérison obtenue, il ne dépend que de leur persévérance de l'assurer; malheureusement, lorsqu'ils sortent de l'asile, ils se laissent trop souvent entraîner aux excès d'autrefois. Pour ces aliénés, la rechute n'est donc pas imminente, pas même certaine, mais elle est possible. Il importe de pouvoir exercer sur eux une certaine surveillance qui puisse venir en aide aux défaillances de leur volonté; il importe enfin de pouvoir les incarcérer de nouveau aussitôt que la folie les a repris. C'est ce à quoi l'on arrive par le régime des sorties provisoires.

Un régime de ce genre était consacré par le projet de loi voté par le Sénat en 1887. Ce projet décidait (art. 39) que la sortie accordée était révocable s'il se produisait une rechute. Cette disposition était insuffisante, car elle n'organisait pas de surveillance sur l'état mental de l'ancien aliéné. Un régime beaucoup plus perfectionné a été organisé par le décret portugais du 10 janvier 1895 et par le projet de loi espagnol du 4 avril 1894. Voici quelles sont les dispositions du décret portugais dans son article 17 :

«Lorsque, malgré la guérison complète de l'aliéné, des accès dangereux seront à craindre, le juge pourra autoriser la sortie provisoire, à titre d'essai, si elle est requise par le directeur de l'établissement, ou si une personne se charge de procurer au malade le traitement et les soins indispensables et de l'interner de nouveau en cas de menace ou de prodrome de la répétition des accès.

«La personne qui prendra soin de l'aliéné enverra au directeur, à la fin de chaque mois, un certificat d'un médecin délivré sous serment et sous signature certifiée devant notaire constatant l'état du malade; ce document devra être revêtu du visa du délégué du procureur du Roi de la circonscription judiciaire.

«La sortie provisoire pourra devenir définitive si l'expérience démontre qu'il n'y a pas d'inconvénient et en se conformant à ce qui est prescrit au paragraphe unique de l'article 21.»

Les articles 20 et 21 du projet de loi espagnol prescrivent à peu près les mêmes mesures. La personne qui prend soin de l'aliéné est également astreinte à l'envoi d'un compte rendu mensuel; elle doit le réintégrer dans l'asile au premier symptôme d'une attaque.

Ce système crée ainsi dans la sortie deux phases :

1° Une phase provisoire, qui constitue pour ainsi dire une période d'observation. L'aliéné maintenant guéri est confié à une personne qui en prend la garde. Le plus souvent, ce sera un membre de sa famille. On s'assure pendant cette période des bonnes résolutions du malade, de sa résistance aux entraînements qui font sombrer sa raison; on le ramène aux habitudes d'une vie normale. Pour assurer un contrôle sérieux à son état mental, on exige des certificats mensuels revêtus de toutes les garanties qui en peuvent prouver la sincérité et l'authenticité. Au premier symptôme de rechute, la personne qui est chargée de la surveillance de l'aliéné doit, sous sa responsabilité, lui faire réintégrer l'asile.

2° Après cette période d'observation, la sortie définitive peut être prononcée; l'expérience a prouvé que l'ex-aliéné était digne de la confiance qu'on lui avait témoignée, et que sa sortie ne présentait pas d'inconvénients. Cette mise en liberté ne pourra être accordée que sous les conditions que nous avons énumérées plus haut.

Ces dispositions nous paraissent très prudentes et très ingénieuses. Elles devraient être adoptées dans notre législation avec une légère addition. En effet, les législateurs portugais et espagnols ne se sont pas occupés du cas où l'aliéné, qui rentre dans les prévisions des articles précités, ne trouve personne qui consente à assumer le soin de sa surveillance. Il peut être sans famille, sans amis... Comment le garantir des rechutes et contrôler son état mental? La solution la meilleure, en pareil cas, serait de le confier à une institution privée de patronage et de bienfaisance. Encore faudrait-il que des institutions de ce genre voulussent bien accepter la lourde tâche qui leur serait confiée. On pourrait aussi astreindre ces aliénés guéris à une résidence fixe dans laquelle ils seraient tenus de se présenter tous les mois auprès de médecins à désigner à cet effet pour y subir un examen mental. L'autorité administrative recevrait les rapports des médecins commis et effectuerait la réintégration aux premiers symptômes de trouble mental. Toutefois, nous le répétons, ce système serait beaucoup moins efficace que celui de l'intervention des institutions privées de prévoyance. Celles-ci ont des moyens d'action plus souples et plus variés, parce que c'est la charité qui les guide. Nous sommes persuadés d'ailleurs que les hommes de grand cœur qui en font partie ne reculeraient pas devant cette nouvelle tâche offerte à leur dévouement.

Nous sommes parvenus maintenant au terme de ce rapport déjà trop long. Qu'il nous soit permis, en finissant, de rappeler en quelques mots les mesures que nous nous proposons d'appliquer aux aliénés criminels :

I. Création d'asiles spéciaux de l'État, distincts de la prison et de l'asile ordinaire, et réservés aux aliénés criminels *stricto sensu.*

II. Placement nécessaire dans ces asiles de tous les aliénés qui ont commis un crime ou délit contre les personnes ou le crime d'incendie; placement dans leurs familles ou dans les asiles ordinaires des autres aliénés criminels.

III. Droit de déclarer la folie et, par suite, d'ordonner le placement reconnu à l'autorité judiciaire qui prononce le non-lieu ou l'acquittement, question spéciale posée au jury.

IV. Sortie soumise à la triple intervention : 1° des médecins de l'asile ; 2° de l'autorité administrative (après expertise) ; 3° de l'autorité judiciaire (après débats contradictoires).

V. Sortie provisoire pour les aliénés guéris que de mauvaises habitudes pourraient entraîner à une rechute.

Nous espérons que, si ces vœux deviennent quelque jour une réalité, les dangers auxquels est exposée la société par l'exagération, dans la loi de 1838, du principe de la liberté individuelle au détriment du principe de l'ordre public seront atténués dans une large mesure, et que la législation française n'aura, en ces matières, rien à envier aux autres législations qui lui auront frayé la voie.

www.ingramcontent.com/pod-product-compliance
Ingram Content Group UK Ltd.
Pitfield, Milton Keynes, MK11 3LW, UK
UKHW032021260826
14628UKWH00006B/2636